BEI GRIN MACHT SICH IHR WISSEN BEZAHLT

- Wir veröffentlichen Ihre Hausarbeit, Bachelor- und Masterarbeit

- Ihr eigenes eBook und Buch - weltweit in allen wichtigen Shops

- Verdienen Sie an jedem Verkauf

Jetzt bei www.GRIN.com hochladen und kostenlos publizieren

Wie gelingt erfolgreiches Requirement Engineering? Fallstudie eines einfachen IT-Projektes

Yannick Liedtke

Bibliografische Information der Deutschen Nationalbibliothek:

Die Deutsche Nationalbibliothek verzeichnet diese Publikation in der Deutschen Nationalbibliografie; detaillierte bibliografische Daten sind im Internet über http://dnb.d-nb.de abrufbar.

ISBN: 9783346394613
Dieses Buch ist auch als E-Book erhältlich.

© GRIN Publishing GmbH
Nymphenburger Straße 86
80636 München

Druck und Bindung: Books on Demand GmbH, Norderstedt Germany
Gedruckt auf säurefreiem Papier aus verantwortungsvollen Quellen

Das Buch bei GRIN: https://www.grin.com/document/1006354

AKAD University Stuttgart

Assignment

Thema:

Modulzuordnung:

Requirements Engineering

Fallstudie eines einfachen IT-Projektes

9. Semester

Von

Yannick Liedtke

Abgabetermin: 18-03-2021

Inhalt

I. Gender-Erklärung

Aus Gründen der besseren Lesbarkeit wird in diesem Assignment die Sprachform des generischen Maskulinums angewandt. Es wird an dieser Stelle darauf hingewiesen, dass die ausschließliche Verwendung der männlichen Form geschlechterunabhängig verstanden werden soll.

II. Abbildungsverzeichnis

III. Abkürzungsverzeichnis

Ggfs.   gegebenenfalls

RE   Requirement Engineering

MECSIN   MECSIN Deutschland GmbH

IV. Tabellenverzeichnis

1. Einleitung

1.1 Ausgangssituation und Problemstellung

Im Zuge der Globalisierung und der Digitalisierung ergeben sich für Unternehmen weltweit fortwährend neue Möglichkeiten und Herausforderungen. Der technologische Fortschritt schreitet immer schneller voran und die Unternehmen sind gefordert sich in immer kürzeren Zeitabschnitten an die Umwelt anzupassen. Seit vielen Jahren steigen die Innovationstätigkeiten auf Basis von Informations- und Kommunikationstechnologien[1]. Auch in Deutschland steigen die Umsätze im Bereich der Softwareentwicklung kontinuierlich an.

Umsatz mit Software in Deutschland in den Jahren 2007 bis 2020 (in Milliarden Euro)

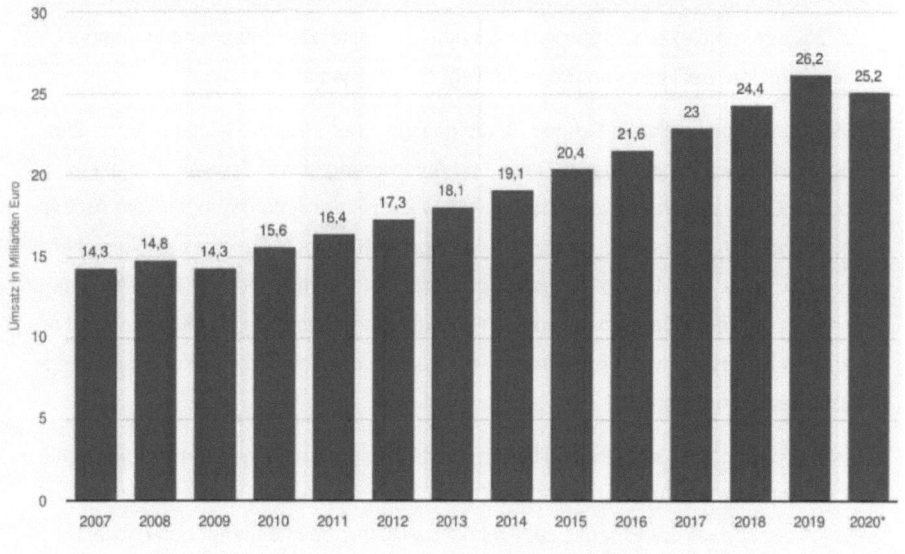

Quellen
Bitkom; EITO
© Statista 2020

Weitere Informationen:
Deutschland

Abbildung 1: Umsatzentwicklung Software in Deutschland [2]

---

[1] Vgl.Urbach und Ahlemann, S. 80.
[2] Statista 2021.

Im Zeitraum 2007 bis 2020 stieg der Softwareumsatz in Deutschland von 14,3 Milliarden Euro auf 25,2 Milliarden Euro. Das ist ein Zuwachs von circa 76%. In den Jahren 2009 und 2020 gab es Umsatzeinbrüche. Der Rückgang ist im Jahr 2009 lässt sich durch die Finanzkrise 2008 / 2009 erklären, der Rückgang 2020 beruht auf der Corona Pandemie. Die deutsche Volkswirtschaft ist wie im Jahr 2009 in eine Rezession gefallen, das Bruttoinlandsprodukt ist beide Jahre um 5 % zurückgegangen[3,4]. Die Software Branche 1 Milliarde Euro im Jahr 2020 Vergleich zum Vorjahr verloren[5].

Dem generell positiven Trend der Software Umsätze stehen die selten erfolgreichen, umgesetzten Projekte in der Informationstechnologie gegenüber. Der Chaos Report aus dem Jahr 2015 stellt das destruktive Bild der Zielerreichung der Software Projekte dar. Lediglich 36 % aller Projekte haben die vereinbarten Anforderungen des Auftraggebers hinsichtlich des Budgets, der Zeit und der Qualität erfüllen können. Dabei ist noch hervorzugeben, dass die Erfolgsquote mit der Größe des Software Projektes sinkt. Lediglich 2% der komplexen Großprojekte konnten die gesteckten Erwartungen entsprechend erfüllen. Bei kleineren Projekten liegt die Erfolgsquote bei 62%[6].

Einer der hauptsächlichen Gründe für die gescheiterten Projekte ist die unklare oder missverständlich Definition von Zielen und Anforderungen von Software Projekten zu Anfang. Generell gehört das einheitliche Verständnis der Anforderungen vom Auftraggeber und dem Auftragnehmer zu den wichtigsten Bestandteilen eines erfolgreichen Projekts. In der Realität gibt es jedoch eine Vielzahl von missinterpretierten Anforderungen oder gar fehlende Anforderung zu Projektbeginn. Diese Projekte können nicht erfolgreich umgesetzt werden, da immer das Budget, der Termin oder die Qualität angepasst werden müssen[7].

Die Entwicklung der steigenden Umsätze im Software Bereich gepaart mit dem schlechten Projektergebnissen, dargestellt im Chaos Report aus dem Jahr 2015, führt unweigerlich dazu, dass der Prozess zur Projektabwicklung zielorientierter und effizienter gestalten werden muss. Zu Projektbeginn muss eine gemeinsame Zielvorstellung und die

[3] Vgl. Wirtschaft und Energie, Bundesministerium für 2021.
[4] Tagesschau 2010.
[5] Statista 2021.
[6] Vgl. O.V. 2015.
[7] Vgl. Hull et al. 2013, S. 57f.

daraus resultierenden Anforderungen unmissverständlich definiert und nachgehalten werden. Genau hier greift das Thema Requirement Engineering aus der Informatik ein. Mit einem eingeführten und stringent ausgeführten Requirement Engineering lassen sich viele Fehler und Risiken von Beginn an ausschließen und die Erfolgsquote für Software Projekte steigt.

1.2 Aufbau und Ziel dieses Assignments

Dieses Assignment soll das Thema Requirement Engineering für eine erfolgreiche, ganzheitliche Anforderungsdefinition untersuchen. Dafür werden die theoretischen Grundlagen, sowie Voraussetzung für ein erfolgreiches Requirement Engineering erläutert. Damit der praktische Bezug hergestellt werden kann, folgt nach den theoretischen Ausführungen ein Fallbeispiel für ein imaginäres IT- Projektes bei der Firma MECSIN Deutschland GmbH (MECSIN). Die Einführung in das Requirement Engineering und die darauffolgenden Fallbeispiele bei der Firma MECSIN erfolgen analog den gestellten Aufgaben:

- Identifikation und Analyse der internen und externen Stakeholder (Anspruchsgruppen).
- Formulierung der Stakeholder Ziele für das Software Projekt.
- Erstellung von 5 Requirements nach der Ruppschen Sprachschablone.
- Zuordnung der Requirements nach den Kano-Kategorien.
- Herleitung der Anforderungsquellen und Ermittlungstechniken.

Nach der Bearbeitung der 5 Aufgaben folgt die Zusammenfassung und das Fazit des Verfassers.

1.3 Vorstellung des Unternehmens MECSIN Deutschland GmbH

Das betrachtete Unternehmen MECSIN GmbH wurde 1900 gegründet und stellt sich als ganzheitlicher Lieferant rund um das Thema Wasseraufbereitung dar. Das Unternehmen liefert vielfältige Technologien zur Wasseraufbereitung und unterschiedliche Systemgrößen. Von kleinen Wasseraufbereitungsanlagen für die Analytik in Laboren und Krankenhäusern bis zu großen zentrale Wasseraufbereitungsanlagen für Kraftwerke. Das Unternehmen ist in Freiburg und beschäftigt dort 200 Mitarbeiter. Zusätzlich kommen noch 50 Servicetechniker, die die Wasseraufbereitungsanlagen betreuen, sowie 40 Vertriebsaußendienstmitarbeiter. Das Unternehmen ist international tätig und hatte 2019 einen Jahresumsatz von 87 Millionen Euro. Die MECSIN GmbH ist Tochter des Lengtern Environment Konzerns in Frankreich. Das Unternehmen beschäftigt weltweit 169.000 Mitarbeiter und ist eines der führenden Unternehmen im Bereich Umweltmanagement.

2018 hat das Unternehmen sich entschieden in die Google Cloud zu immigrieren. Seitdem arbeitet das Unternehmen ausschließlich mit Google Cloud Services.

1.3.1 Fallbeispiel IT-Projekt: „Cloudbasiertes Ticketsystem"

Das Unternehmen hat sich entschlossen ein Ticketsystem zum Anfragemanagement von Kundenanrufen für die Abteilung TechSupport zu implementieren. Nachstehend wird der derzeitige Prozess kurz beschrieben.

Derzeit werden Anrufe von Kunden über eine Service Hotline an das Unternehmen MECSIN gerichtet. Der Grund des Anrufs kann sehr vielseitig sein, z.B. ist der Kunde nicht einverstanden mit einer Rechnung, er möchte einen Wartungstermin vereinbaren oder er hat ein technisches Problem mit der Wasseraufbereitungsanlage.

Die Abteilungen Anfragemanagement, Koordination und die Rezeption befinden sich in der Service Hotline und nehmen die Anrufe von Kunden an. Sollte eine technische Klärung notwendig sein, oder der Kunde einen Reparatureinsatz anfragen, dann wird der Kunde zur technischen Abklärung an die Abteilung TechSupport weitergeleitet. Sollte anschließend ein Einsatz durch einen Servicetechniker notwendig werden, notiert der Ingenieur der Abteilung TechSupport in einer E-Mail einsatzrelevante Informationen und schickt den Fall an die Abteilung Service Koordination. Die Informationsweitergabe ist nicht einheitlich und Informationen werden nicht nachhaltig gesammelt. Teilweise muss der Mitarbeiter der Abteilung TechSupport dieselben Fragen zu den Kundeninformationen erneut erfragen. Das führt häufig zu Unverständnis beim Kunden. An dieser Schnittstelle soll ein eigenes Ticketsystem für technische Anfragen entwickelt und eingeführt werden. Dadurch soll der Informationsfluss verbessert und die Bearbeitung effizienter gestaltet werden. Das Projekt soll über die eigene IT-Abteilung umgesetzt werden. Das Unternehmen hat im Jahre 2019 entschieden, die IT-Abteilung nicht nur als Dienstleister für Infrastruktur einzubringen, sondern aktiv 2 Mitarbeiter für Business Verbesserungen zu implementieren. Die Ermittlung der Anforderungen sollen im Zuge des IT-Fallbeispiels nachstehend erörtert werden.

2. Einführung Requirement Engineering

Nachstehend wird zunächst das Requirement Engineering für die weiteren Ausführungen in diesem Assignment vorgestellt. Damit soll ein einheitliches Verständnis der Begrifflichkeiten erzielt werden.

2.1 Definition Requirement Engineering

Das Requirement Engineering behandelt alle Tätigkeit zum Management von Anforderungen im Zuge von Projekten. Genauer gesagt umfasst das RE alle Aktivitäten, die erforderlich sind, um Anforderungen zu erfassen, zu analysieren, zu verstehen, zu dokumentieren und sie ebenfalls zu verwalten. Das Requirement Engineering Board definiert das RE als einen

"systematischen und disziplinierten Ansatz zur Spezifikation und zum Management von Anforderungen mit den Zielen:

1. Wissen um die relevanten Anforderungen, sowie Konsens unter den Stakeholdern über die Anforderungen herzustellen. Die Anforderungen konform zu vorgegebenen Standards zu dokumentieren und die Anforderungen systematisch zu managen.

2. die Wünsche und Bedürfnisse der Stakeholder zu verstehen und zu dokumentieren

3. Spezifikation und Management von Anforderungen, um das Risiko zu minimieren, ein System auszuliefern, das nicht den Forderungen und Bedürfnissen der Stakeholder entspricht" [8].

Nach dieser Einführung werden nun die einzelnen Aufgaben beantwortet.

2.2 Aufgabenteil 1: Identifikation und Dokumentation der internen und externen Stakeholder

2.2.1 Theoretische Grundlage: Interne und externe Stakeholder

Bevor die Identifikation der Stakeholder für das Fallbeispiel MECSIN ermitteln werden, muss zunächst die Definition des Begriffs „Stakeholder" unternommen werden. Stakeholder sind nach Freeman und Reed *„any identifiable group or individual on which the organization is dependable for its continued survival"*, also alle Individuen oder Gruppen deren Interesse durch die Handlung der Organisation / des Projektes beeinflusst werden kann, bzw. diese die Organisation / Projekt beeinflussen können. Das beinhaltet alle Interessengruppen, entweder intern innerhalb des Unternehmens wie die einzelnen Abteilungen, Betriebsrat, Geschäftsführung (interne Stakeholder), oder externe Interessensgruppen wie Kunden, Lieferanten, Kapitalgeber, Staat und weitere (externe Stakeholder) [9]. Allgemein sind Interne Stakeholder, innerhalb des Unternehmens und externe Stakeholder, außerhalb des Unternehmens zu finden. Damit wird die Unterscheidung zwischen internen und externen Stakeholdern unternommen. Wichtig bei der

---

[8] Glinz 2017, S. 18.
[9] Vgl. Freeman 2013, S. 54.

Betrachtung der Stakeholder ist, dass nicht alle Stakeholder gleich wichtig für die erfolgreiche Projektumsetzung sind oder die gleichen Ziele mit dem Projekt verfolgen. Generell ist das Ziel des RE einen Konsens für die individuellen Ziele der Stakeholder zu finden. Häufig ist das allerdings nicht möglich und eine Entscheidung getroffen werden, welche Ziele ggfs. wichtiger sind. Es ist daher elementar die identifizierten Stakeholder zu priorisieren und einzuteilen. Die Einteilung im Zuge dieses Assignments erfolgt nach 3 Kategorien.

- Kritisch: Stakeholder, die das Projekt frühzeitig beenden können, wenn diese vernachlässigt werden, oder mit dem Projekt unzufrieden sind.
- Wichtig: Stakeholder, die bei Vernachlässigung einen signifikanten negativen Einfluss auf das Projekt nehmen können. Sie spielen daher eine wichtige Rolle.
- Unbedeutsam: Stakeholder, deren Einfluss auf das Projekt eher gering ist. Eine Vernachlässigung der Ziele oder deren Unzufriedenheit hätte nur geringen Einfluss auf den Projekterfolg[10].

Für die entsprechenden Kategorien muss dann ein Plan für die Kommunikation geschaffen werden.

2.2.2 MECSIN: Interne und externen Stakeholder

Bei der Firma MECSIN Stakeholder gibt es unterschiedliche Stakeholder. Interne Stakeholder sind u.a. die Abteilungen die mit dem cloudbasierten Ticketsystem arbeiten sollen, also die Abteilungen TechSupport, Service Anfragemanagement, Service Koordination und die Rezeption. Weitere interne Anspruchsgruppen sind die IT-Abteilung, der Betriebsrat, der Vertrieb, sowie das übergeordnete Service Management.

Externe Stakeholder des Projektes sind Kunden und Lieferanten, die ggfs. auch technischen Support benötigen.

Basierend auf der Einteilung in interne und externe Stakeholder, werden nun die Machtverhältnisse anhand der Relevanz-Matrix nach Müller-Stewens und Lechner

---

[10] Vgl.Glinz und Wieringa 2007, S. 2.

unternommen. Dabei wird die Gewichtung der Beeinflussbarkeit durch die Stakeholder auf das Projekt bzw. die Beeinflussbarkeit der Stakeholder durch das Projekt analysiert und grafisch über eine Relevanz-Matrix eingeteilt[11].

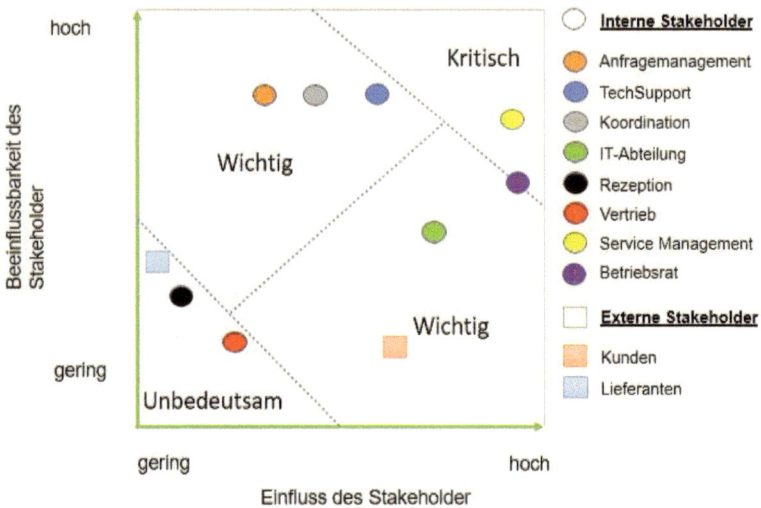

Abbildung 2: Eigene Darstellung - Relevanz Matrix MECSIN nach Müller-Stewens und Lechner

Nach der grafischen Darstellung wird nachstehend die Einteilung Stakeholder nach den Kategorien „Unbedeutsam, Wichtig und Kritisch" begründet.

Die Abteilung Service TechSupport ist Anwender der zu entwickelnden Software. Die Ingenieure der Abteilung sind kontinuierlich in Abstimmung mit Kunden und unterstützen Servicetechniker bei der Fehlerbehebung. Die Herausforderung besteht darin, dass derzeit alle Probleme und die Kritikalität der Anlagenausfälle gleichbehandelt werden. Wenn ein Kunde anruft, wird er an die Abteilung TechSupport weitergeleitet. Das bedeutet, dass wichtige Kunden, z.B. mit einem Wartungsvertrag mit spezifischen Reaktionszeiten oder mit schweren Problemen mit der Wasseraufbereitungsanlage, nicht schnell genug geholfen wird, da die Ingenieure mit einem Fall von einem unwichtigeren Kunden mit einem ggfs. kleinen Problem beschäftigt sind. Die Software wird primär für diese Abteilung entworfen, wodurch die Abteilung TechSupport in die Kategorie "Wichtig" eingruppiert wird.

---

[11] Vgl. Müller-Stewens und Lechner 2011, S. 579 f.

Die Abteilungen Service Koordination hat 2 Rollen in Verbindung mit dem Projekt. Auf der einen Seite sind die Mitarbeiter Teilnehmer der Service Hotline, nehmen Anrufe an und leiten sie an die Abteilung TechSupport weiter. Auf der anderen Seite erhalten Sie vom TechSupport anfragen, wenn eine Kunde, nach der technischen Klärung, einen Servicetechniker benötigt. Durch die direkte Nutzung wird die Abteilung in die Kategorie "Wichtig" eingeteilt.

Die Abteilung Service Anfragemanagement nimmt, wie die Abteilung Service Koordination" Anrufe über die Service Hotline an, bearbeitet diese oder leitet sie weiter. Die meisten Kundenanrufe über die Servicehotline landen beim Service Anfragemanagement. Hier wird ebenfalls die Eingruppierung in die Kategorie "Wichtig" unternommen.

Die IT-Abteilung unternimmt die Entwicklung entsprechend den definierten Anforderungen. Die Kommunikation ist hier elementar. Die Anforderungen müssen korrekt von der IT-Abteilungen verstanden werden und die Milestones vom Projektleiter aus der IT Abteilung geprüft werden. Die IT-Abteilung und vor allem der Projektleiter sind für die Umsetzung des Projektes verantwortlich. Damit erfolgt die Kategorisierung als "Wichtig".

Die Abteilung Rezeption nimmt für das komplette Unternehmen Anrufe über eine zentrale Telefonnummer entgegen. Häufig rufen Kunden auch diese zentrale Nummer an, wenn sie Anliegen für den Service haben. Die Rezeption leitet diese an die jeweilige Service Abteilung und die Abteilung TechSupport weiter. Der Einfluss dieses Stakeholders wird als "Unbedeutsam" kategorisiert.

Der Vertrieb und die Vertriebsaußendienstmitarbeiter haben nur indirekt mit der Softwareentwicklung zu tun. Wenn der Prozess der direkten Vermittlung von Kundenanrufen geändert wird und deswegen die Bearbeitung der Kundenanliegen mehr Zeit in Anspruch nimmt, kann es passieren, dass die Kunden sich bei Ihren Vertriebsaußendienstmitarbeitern melden und sich beschweren. Nichtsdestotrotz hat dieser Stakeholder keinen direkten Einfluss auf die Entwicklung der Software, der Einfluss wird daher als "Unbedeutsam" eingestuft. Er sollte aber informiert werden.

Das Service Management ist Auftraggeber dieser Entwicklung und hat eine Prozessverbesserung zum Ziel. Wenn dieser Stakeholder nicht ausreichend betreut wird und die Kommunikation zu selten stattfindet, kann es passieren, dass das Ziel des

Auftraggebers verfehlt wird oder die Entwicklung in eine falsche Richtung stattfindet. Deswegen wird dieser Stakeholder als "Kritisch" definiert.

Der Betriebsrat hat wenig mit der Entwicklung der Software zu tun. Allerdings können bei der Entwicklung der Software und bei der Nutzung im Anschluss ggfs. Nutzerdaten der Bearbeiter gesammelt und ausgewertet werden. Damit der Betriebsrat nicht bei der Einführung das Projekt noch stoppt, sollte dieser fortwährend unterrichtet werden und wird als "Kritisch" eingestuft.

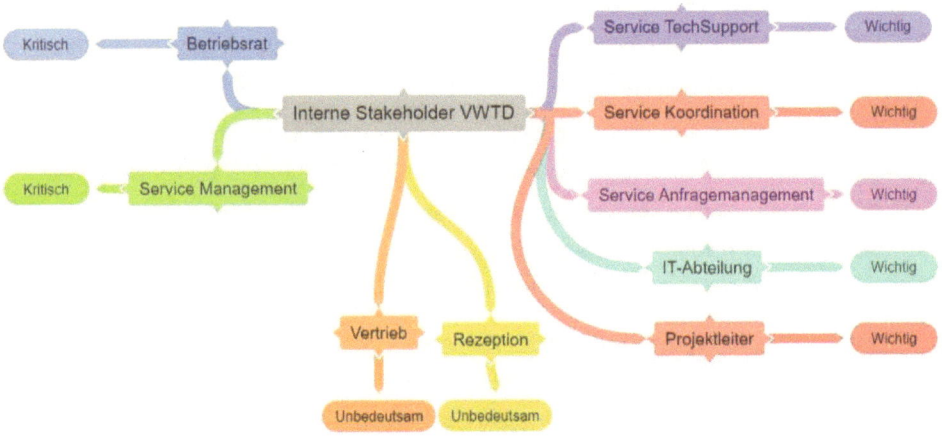

Abbildung 3: Eigene Darstellung interne Stakeholder MECSIN

Der externe Stakeholder "Kunden" wird durch die Software nicht direkt beeinflusst. Der Kunde wird aber ggfs. einen anderen Prozess bemerken. Viele Kunden sind Langzeitkunden und sie sind daran gewöhnt, bei einem Problem mit der Wasseraufbereitungsanlage, direkt an einen Ingenieur im Bereich TechSupport weitergeleitet zu werden. Wenn das nicht mehr stattfindet, beschwert sich der Kunde ggfs. beim Service Management. Im schlimmsten Fall wird das Projekt dann nach der Einführung wieder gestoppt. Allgemein ist der Kunde der wichtigste Stakeholder für das Unternehmen. Damit wird der Stakeholder "Kunde" als "Wichtig" kategorisiert[12].

Lieferanten agieren überaus selten mit der Abteilung TechSupport. Es kommt lediglich in Ausnahmefällen vor, wenn es bei der Fertigung oder dem Testen von

---

[12] Vgl. Feldhusen und Grote 2013, S. 328.

Wasseraufbereitungsanlagen für MECSIN zu Problemen kommt. Der Stakeholder "Lieferant" wird damit in die Kategorie "Unbedeutsam" eingruppiert.

Abbildung 4: Eigene Darstellung Externe Stakeholder bei MECSIN

Für die unterschiedlichen Gruppen „Kritisch", „"Wichtig" und „"Unbedeutsam" muss eine individuelle Betreuungs- und Kommunikationsstrategie entwickelt werden. Diese Betrachtung ist jedoch nicht Teil dieses Assignments.

2.3 Aufgabenteil 2: Ziele der Stakeholder im Zuge des Projektes

2.3.1 Theoretische Grundlage: Ziele von Stakeholdern

Häufig scheitern Projekte durch unklare, unpräzise Projektziele[13]. Zusätzlich verfolgen die unterschiedlichen Stakeholder eines Projektes eigene Ziele. Diese Ziele sind untereinander nicht abgestimmt. Im besten Fall harmonieren die einzelnen Ziele der Stakeholder und es kommt zu homogenen Zielen, die miteinander vereinbar sind. Die Realität sieht jedoch häufig anders aus. Ziele der einzelnen Stakeholder stehen im Widerspruch und lassen sich ggfs. nicht gleichzeitig erfüllen. In diesen Situationen kommt es zu Zielkonflikten, die einen erfolgreichen Projektabschluss ausschließen. Im Projektverlauf sind die Ziele der einzelnen Stakeholder frühzeitig zu ermitteln. Konflikte sollten dann frühzeitig adressiert und mit den Stakeholdern geklärt werden[14]. Eine weitere Herausforderung stellt das Verständnis von Zielen zwischen den Stakeholdern dar. Ziele müssen zweifelsfrei interpretierbar sein und dokumentiert werden, damit diese nicht missverständlich ausgelegt werden können. Zum Schluss muss der Projekterfolg gegen diese Ziele gemessen werden. Die Art und Weise, wie Ziele definiert werden, sollte einem Standard unterliegen, damit sie einheitlich sind und die Projektbeteiligten diese schnell verstehen können. Eine gute Unterstützung stellen dabei Modelle, z.B. das

---

[13] Vgl. Graf und Edelkraut 2017, S. 177.
[14] Vgl. Krause 2008, S.167.

Modell S.M.A.R.T., das nachstehend vorgestellt wird[15]. Die einzelnen Buchstaben stellen notwendige Bestandteile für konkrete und nachvollziehbare Ziele dar.

S – Spezifisch: Definition der konkrete Zielsituation auf die hingearbeitet werden soll.

M – Messbar: Konkrete Angaben zur Quantität. Das Ziel mit Zahlen messbar machen.

A – Akzeptiert: Das Projektziel wird von Stakeholdern akzeptiert und als wertvoll betrachtet.

R – Realistisch: Das Ziel wird anspruchsvoll definiert, darf aber nicht unrealistisch sein.

T – Terminklar: Zu den Zielen werde klare Zeitangaben gemacht bzgl. Dauer etc.[16].

Wenn die Ziele der Stakeholder anhand der S.M.A.R.T.-Methode definiert werden, dann ist die Wahrscheinlichkeit, Ziele falsch zu verstehen, minimiert und das Projekt arbeitet auf eine klare Ziellinie hin. Die korrekte Definition von Zielen ist der erste wichtige Schritt. Aus den Zielen können im nächsten Schritt Anforderungen für das Projekt entwickelt werden.

2.3.2 MECSIN: Ziele von Stakeholdern

Bei der Firma MECSIN können sich die Ziele der Stakeholder wie folgt darstellen:

Abteilung TechSupport: *"Das Ticketsystem soll dazu führen, dass die Wertschöpfung ressourcenorientiert stattfindet. Kundeninformationen sollen von Anfang an von den vorgelagerten Abteilungen erfasst werden und nicht mehr durch den TechSupport, dadurch soll die Effizienz der erledigten Fälle im Bereich TechSupport um 10% auf 570 Fälle pro Woche gesteigert werden.*

Abteilung Anfragemanagement: *"Das Ticketsystem soll die Nachverfolgung von Kundenanrufen ermöglichen, damit wiederholte Anrufe schneller zugeordnet werden können. "*.

---

[15] Vgl. Martens-Scholz 2008, S. 151f.
[16] Vgl. Graf und Edelkraut 2017, S. 177.

Abteilung Service Koordination: *"Es soll zu jedem erfassten Fall (100%) eine Ticket-nummer erstellt werden, um eine Rückverfolgbarkeit der Kundenanrufe bei technischen Problemen zu ermöglichen".*

Abteilung Rezeption: *"Die Erfassung der Fälle für die Abteilung TechSupport im neuen Softwaresystem darf nicht länger als 60 Sekunden dauern, bis der Fall an die Abteilung TechSupport übergeben werden kann".*

Abteilung IT: *"Die Software soll cloudbasiert innerhalb der Google Umgebung umge-setzt werden."*

Abteilung Vertrieb: *"Anrufe von Wartungskunden sollen durch das Ticketsystem sichtbar werden und den Kenner "Wichtig" erhalten, umso die Reaktionszeit zur Fehleridentifika-tion von 2 Stunden für Wartungskunden zu gewährleisten."*

Betriebsrat: *"Es sollen keine persönlichen Daten oder andere Auswertungen „z.B.Ge-löste Kundenanrufe pro Tag von Mitarbeiter XY" über Mitarbeiter auswertbar sein."*

Service Management: *"Das Projekt soll innerhalb von 2 Monaten abgeschlossen sein und das Budget von 20.000 € nicht überschreiten."*

Lieferanten: *"Technische Probleme mit Anlagensystem sollen innerhalb von 60 Minuten durch die Abteilung TechSupport analysiert worden sein."*

Kunden: *"Die Anfragen sollen entsprechend der Dringlichkeit / Kritikalität (Systemaus-fall, Leckage, Störung und allgemeine Rückfrage) des technischen Problems von der Abteilung TechSupport bearbeitet werden".*

Analog diesen Zielen, können Anforderungen für das System nach der Ruppschen Sprachschablone definiert werden.

2.4 Aufgabenteil 3: Definition der Ruppschen Sprachschablone

2.4.1 Theoretische Grundlage: Ruppsche Sprachschablone

Die Ruppsche Anforderungsschablone wurde von Chris Rupp entwickelt und stellt ein methodisches Hilfsmittel zur Strukturierung und Formulierung von syntaktisch-einheitlichen Anforderungen dar. Ziel ist eine Standardisierung der Anforderungsformulierung mit geringem Zeit- und Kostenaufwand mit einer automatisch hohen Qualitätsgüte durch eine korrekte Syntax der Formulierungen. Die Verwendung von vordefinierten Modelverben geben die Verbindlichkeit von Anforderung vor. Diese sind projektübergreifend definiert[17].

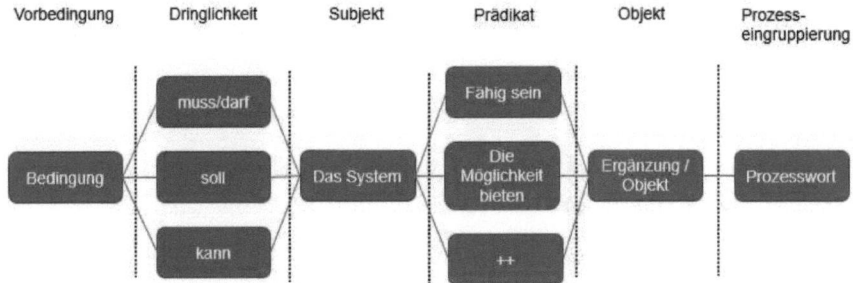

Abbildung 5: Eigene Darstellung der Anforderungsschablone für Anforderung [18] in Anlehnung Pohl/Rupp 2014 [19]

Der Satzbau für die Erstellung von Anforderungen stellt sich wie folgt dar.

Zunächst wird mit der Anforderungsschablone eine Vorbedingung definiert, durch die ein Ereignis eintritt. Anschließend wird die Dringlichkeit der Anforderung definiert (muss, soll, kann). Nach der Dringlichkeit wird das System bzw. das Subjekt definiert, das bei der Anforderung aktiv etwas unternimmt oder auf das jemand, oder etwas, Einfluss nimmt. Nach dem System erfolgt die Aktion die aktiv unternommen werden soll (fähig sein, die Möglichkeit bieten, etc.). Das folgende Objekt gilt als Platzhalter für eine

---

[17] Vgl. Hoffmann 2014, S. 43f.
[18] Ebd., S. 43.
[19] Vgl. Rupp 2014, S. 219.

ergänzende Beschreibung der Anforderung. Die Schablone wird mit einem Prozesswort als Hinweis auf die Art der Systemaktivität vervollständigt[20].

Gemäß dieser Beschreibung können Anforderungen standardisiert und verständlich für die Firma MECSIN nachstehend festgehalten werden.

2.4.2 MECSIN: Anforderungen nach der Ruppschen Sprachschablone

Nach der theoretischen Einführung die Ruppsche Anforderungsschablone, können nun die entsprechenden Anforderungen für das Ticketsystem der Firma MECSIN erfasst werden. Die Dringlichkeit der Anforderungen wird gemäß dem theoretischen Abschnitt in

- Muss – Anforderung mit der höchsten Dringlichkeit
- Soll – Anforderung mit einer mittleren Dringlichkeit
- Kann – Anforderung mit einer niedrigen Dringlichkeit

eingeteilt.

Tabelle 2: Anforderungen nach der Ruppschen Anforderungsschablone

Abteilung	Schlagworte zur Anforderung	Anforderung gem. der Ruppschen Anforderungsschablone
TechSupport	Erfassung Kundenanruf	Wenn die Erfassung eines Kundenanrufs inklusive den Kundeninformationen (Kundennummer, Ansprechpartner, Telefonnummer und Anlagentyp) durch die angemeldeten Anwender der Abteilungen Service Anfragemanagement, Service Koordination oder Rezeption abgeschlossen ist, muss das Ticketsystem das Ticket an die Abteilung TechSupport weiterleiten.

---

[20] Vgl. Modellbasierte_Anforderungsanalyse, S. 3.

Anfragema-nagement	Offene Tickets	Wenn ein Kunde am Telefon einem ange-meldeten Google Cloud Anwender eine Ticketnummer mitteilt, muss das Ticket-system den „Status" und den „Bearbeiter" anzeigen.
Service Koordi-nation	Ticketnummer	Wenn ein neuer Kundenanruf im Ticket-system erfasst wird, muss das Ticketsys-tem eine einzigartige Ticketnummer zu dem Anruf erstellen und anzeigen.
Kunden	Kritikalität	Wenn ein Kunde mit einem technischen Problem anruft, muss für den angemelde-ten Google Cloud Anwender bei der Er-fassung die Kritikalität (Systemausfall, Le-ckage, Störung und allgemeine Rück-frage) auswählbar sein.
IT-Anforderung	Cloubasiertes Ti-cketsystem	Die Ticketsystem muss cloudbasiert über die Google Umgebung umgesetzt und be-trieben werden. Der Google Anwender soll sich von je-dem Endgerät (Laptop, Mobiltelefon, Tab-let) in das cloudbasierte Ticketsystem einloggen können.
Betriebsrat	Auswertung	Wenn ein angemeldet Google Cloud An-wender nach „erledigten Tickets" sucht, muss das Ticketsystem die Gesamtzahl der erledigten Tickets, ohne individuelle Bearbeiter anzeigen.

Die erfassten Anforderungen nach Rupp für die MECSIN stellen die Grundlage, um zu-sammen mit den vorgestellten Zielen der Stakeholder, den Einflussgrad der Anforde-rung auf die Zufriedenheit Stakeholder zu ermitteln. Ein hilfreiches Modell zur Ermittlung stellt das Kano-Modell dar, welches im nächsten Abschnitt vorgestellt wird.

2.5. Aufgabenteil 4: Einführung in die Kano-Kategorien

2.5.1 Theoretische Grundlage: Kano-Kategorien

Das Kano-Modell wurde 1978 von Dr. Noriaki Kano entwickelt und untersucht den Einfluss von erfüllten, bzw. nichterfüllten Anforderungen auf die Zufriedenheit der Stakeholder. Dabei werden die Anforderungen in 3 Kategorien unterteilt. Kano definiert die Kategorien als Basisanforderungen, Leistungsanforderungen und die Begeisterungsfaktoren. Die Klassifizierung in die Kategorien erfolgt mittels einer bestimmten Fragetechniker. Es werden 2 Fragen formuliert. Die Fragen zielen auf die Reaktion des Stakeholders bei Erfüllung bzw. Nichterfüllung der Anforderung. Die Kategorien werden nachstehend näher erläutert[21].

- Basisanforderungen stellen die Mindestanforderungen für das Projekt dar. Diese Anforderungen werden vom Kunden, häufig schweigend, erwartet. Es handelt sich um Musskriterien, die von Kunden vorausgesetzt werden. Eine Nichterfüllung führt zu einer extremen Unzufriedenheit des Kunden. Die besondere Herausforderung der Ermittlung von Basisanforderung stellt das intrinsische Wissen und die unbewusste eigene Erwartungshaltung des Kunden dar. Häufig fällt es dem Kunden sehr schwer Basisanforderungen explizit gegenüber dem Auftragsnehmer auszudrücken, da diese dem Kunden selbst nicht bewusst, bzw. selbstverständlich sind[22].

- Leistungsanforderungen werden meist vom Kunden ausdrücklich verlangt und die Erfüllung ist direkter expliziter Bestandteil des Vertrages. Über die Leistungsanforderungen besteht meist ein gutes und einheitliches Verständnis zwischen Kunden und dem Auftragnehmer. Die Ermittlung ist entsprechend transparenter als die Basisanforderungen. Der Erfüllungsgrad der Anforderung verläuft meist proportional mit dem Zufriedenheitsgrad des Auftraggebers[23].

- Begeisterungsfaktoren sind Anforderungen, von deren Erfüllung oder deren Nutzen der Kunde positiv überrascht wird. Die Erfüllung resultiert in großer

---

[21] Vgl.Marx 2014, S. 12.
[22] Vgl. ebd., S. 14
[23] Vgl. ebd., S. 14.

Zufriedenheit des Kunden, da die Charakteristika der Anforderung für den Kunden innovativ ist und neue Chancen bieten. Es handelt sich hier um kreative neue Möglichkeiten, oder Funktionalitäten, die bislang bei dem Projekt nicht erwartet wurden. Die Entwicklung ist meist nicht einfach und erfordert Zeit. Häufig sorgen Begeisterungsfaktoren für einen temporären Wettbewerbsvorteil, da der Kunde sich durch diese von der Konkurrenz abheben kann oder preisgünstiger ist. Wichtig an dieser Stelle ist der Begriff „temporär", denn die Konkurrenz wird die Begeisterungsfaktoren kopieren oder andere Mittel finden den Vorsprung aufzuholen. Dann werden Begeisterungsfaktoren zu Leistungsanforderungen[24],[25].

Nach dieser Einführung in die Kano Kategorien, werden nachstehend die Anforderungen der Firma MECSIN nach Kano unterteilt.

2.5.2 MECSIN: Einteilung der Kano Kategorien

Bei der nachstehenden Eingruppierung nach Kano werden die „Schlagworte zur Anforderung" aus Tabelle 1 verwendet.

Bei der Anforderung „Erfassung Kundenanruf" der Abteilung TechSupport handelt es sich um eine „Leistungsanforderung". Die Anforderung weist die Dringlichkeit „muss" auf. Die notwendige vollständige Erfassung durch die vorgelagerten Abteilungen ist eine wichtige Schnittstelle und elementarer Bestandteil der Softwareentwicklung zur nachhaltigen Nutzung der Daten. Die einmalige Datenerfassung und die Wiederverwendbarkeit stehen hier im Fokus.

Die Anforderung „Bearbeitung Tickets" der Abteilung Service Anfragemanagement ist ebenfalls eine „Leistungsanforderung". Auch hier wurde die Dringlichkeit „muss" der Ruppschen Anforderungsschablone verwendet. Diese Charakteristika werden explizit von diesem Stakeholder gefordert und erwartet.

Die Abteilung Service Koordination stellt die Anforderung „Ticketnummer", hierbei handelt es sich um eine „Basisanforderung". Wenn ein Ticketsystem entwickelt wird, dann

---

[24] Vgl. Marx 2014, S.14.
[25] Vgl. Johnson 2018, S. 42f.

muss eine Ticketnummer selbstverständlich zu einem Anruf für den TechSupport erstellt werden.

Der Stakeholder „Kunde" fordert mit seiner Anforderung „Kritikalität" eine dringlichkeitsorientierte, technische Klärung durch die Abteilung TechSupport nach der Erfassung und Einsortierung durch die vorgelagerten Abteilungen. Damit wird der Fokus auf die Anrufe mit schweren technischen Problemen geschoben und die Reaktionszeit kann durch das Ticketsystem reduziert werden. Bei dieser Anforderung handelt es sich um einen *„Begeisterungsfaktor"* nach Kano.

Die Anforderung „Cloudbasiertes Ticketsystem" der IT-Abteilung definiert, dass die Anwendungssoftware in der Cloud von Google operieren soll. Bei dieser Anforderung handelt es sich um eine *„Basisanforderung"*. Es ist allen Stakeholder bekannt, dass die Firma MECSIN lediglich die Google Cloud Umgebung für die Softwareumgebung gestattet. Zusätzlich soll die Anwendungssoftware von allen Endgeräten, durch einen entsprechenden Login, aufrufbar sein. Gerade heutzutage im Jahr 2021 ist der Alltag durch Covid-19 geprägt und viele Mitarbeiter sind gefordert von Zuhause aus zu arbeiten. Durch diese Entwicklung findet eine bessere Anpassung und Flexibilität an die Umwelt statt. Hier handelt es sich um einen *„Begeisterungsfaktor"*.

Der Betriebsrat stellt die Anforderung „Auswertung". Diese Anforderung beinhaltet, dass keinen personenbezogenen Auswertungen mit der Software durchgeführt werden können. Hier handelt es sich um einen expliziten *„Leistungsfaktor"*.

2.6 Aufgabenteil 5: Anforderungsquellen und Erhebungsmethoden

2.6.1 Theoretische Grundlage: Anforderungsquellen und Erhebungsmethoden

Anforderungen können durch viele unterschiedlichen Quellen und Techniken ermittelt werden und sind von der Projektart, der Distanz zu den Stakeholdern, dem Budget und der jeweiligen Bewusstseinsstufe der einzelnen Stakeholder abhängig. Quellen für Anforderungen können zum Beispiel Stakeholder selbst, als Know-How Träger, Dokumente, in Papierform oder digital oder auch das System des Unternehmens sein[26]. Handelt es sich um Neuentwicklungen oder innovative Software Projekte kann nur selten auf bestehende Dokumente oder Informationen zurückgegriffen werden. Bei Projekten, bei denen es um Weiterentwicklungen geht, stellt sich die Situation häufig anders dar. Hier bestehen bereits Informationen, Dokumente und dokumentierte Anforderungen aus vorangegangenen Entwicklungen[27].

Die unterschiedlichen Quellen für Anforderungen lassen unterschiedliche Ermittlungstechniken zu. Wichtig an dieser Stelle ist, dass die Anforderungsquellen im Projektverlauf fortlaufend betrachtet werden sollten. Es kann passieren, dass wichtige zusätzliche Projekt Stakeholder erst im fortgeschrittenen Projektverlauf sichtbar oder notwendig werden. Ermittlungstechniken sind Methoden und Techniken mit denen Anforderungen erhoben werden können [28].

Explizite, vorhandene Wissensquellen stellen Dokumente oder das ERP System dar. Die Anforderungsermittlung aus diesen Quellen erfolgt durch Recherche in jeweiligen den Dokumenten wie Spezifikationen, Lastenheften, Normen etc..

Die direkte Interaktion mit dem Stakeholder erfolgt über Interview, Workshops, Beobachtungen und Fragebögen. Hier ist die Analyse der Stakeholder am Anfang wichtig, um die richtigen Stakeholder für das Projekt zu identifizieren. Der Vorteil an der

---

[26] Vgl. Tremp 2017, S. 46f.
[27] Vgl. Lauenroth et al. 2016, S. 121f.
[28] Vgl. Grande 2014, S. 49.

Zusammenarbeit mit den Stakeholdern ist, dass diese direkt eine Verbindung zu dem Projekt durch die Zusammenarbeit aufbauen[29].

Wenn kreative Ermittlungstechniken für die Anforderungsermittlung zum Einsatz kommen, dann versteht man darunter die Zusammenarbeit mit den Stakeholdern über Ermittlungstechniken wie Brainstorming, die Denkstühle von Walt Disney oder der De Bonos Denkhütte. Durch diese Technik werden die Beteiligten angeregt ihren Gedanken freien Lauf zu lassen. Es kommt zu Geistesblitzen, Vision unterschiedlichen Perspektiven hinsichtlich des Projektes sowie einzelnen Funktionalitäten[30]. Die einzelnen Ermittlungstechniken werden im Zuge der Hausarbeit nicht weiter erläutert, es wird an dieser Stelle auf die entsprechende Literatur verwiesen.

2.6.2 MECSIN Anforderungsquellen und Erhebungsmethoden

Die Einführung des cloudbasierten Ticketsystems stellt eine Neuentwicklung innerhalb des Unternehmens dar. Deswegen stehen nur wenig vorhanden Informationen, bzw. Dokumente als Anforderungsquelle zur Verfügung. Eine mögliche Dokumentenquelle sind „Guidelines", gemeint sind Richtlinien von der Muttergesellschaft VWT, für die Entwicklung von Anwendungssoftware innerhalb der Google Cloud Umgebung für Tochterunternehmen. An dieser Stelle sollte auf die IT-Abteilung zugegangen werden. Die IT-Abteilung definiert, welche Voraussetzungen für die Google Cloud Umgebung eingehalten werden müssen und welche Vorgaben für die Anmeldung von unterschiedlich Endgeräten Einfluss haben. Die Leistungsanforderung „Erfassung Kundenanruf", „Bearbeitung Tickets", aber auch die Basisanforderung „Ticketnummer" lassen sich durch die Interkation mit den Stakeholdern entwickeln. Hier macht es Sinn die Mitarbeiter zu interviewen, zu befragem oder deren Arbeitsalltag zu beobachten. Durch die Zusammenarbeit macht ein Workshop mit den genannten Stakeholdern Sinn, damit vorhandene Probleme untereinander oder intransparente Schwachstellen emergent beleuchtet und Lösungen gefunden werden können. Auch hier wird das Verständnis für die Anforderungen der anderen Stakeholder gestärkt. Die Anforderung „Kritikalität" kann nur indirekt

---

[29] Vgl. Grande 2014, S. 49.
[30] Vgl. ebd., S. 46.

durch den Kunden entwickelt werden. Hier macht es Sinn die Abteilungen TechSupport und Service Koordination zu befragen. Der TechSupport kann die technische Kritikalität und die Einsatznotwendigkeit durch einen Servicetechniker am besten bewerten, die Abteilung Service Koordination kann die Anforderungsgüte hinsichtlich des Informationsgehalts für Einsätze am besten definieren. Auch hier wäre es ratsam im System zu hinterlegen, wie hoch die geplante Auslastung der einzelnen Gebiete der Servicetechniker ist. Wenn beispielsweise viele Servicetechniker krank sind, oder die Auslastung sehr hoch ist, dann macht es Sinn, Einsätze durch den TechSupport, nach Möglichkeit, zu vermeiden. Umgekehrt natürlich, wenn die Servicetechniker nicht ausgelastet sind, dann wird schneller ein Servicetechniker notwendig. Die Anforderung „Auswertung" des Betriebsrates ist sensitiv und sollte mit dem Betriebsrat und dem Service Management durchgesprochen werden. Dokumente mit Vorgaben zum Umgang mit Mitarbeiterauswertungen können hier als Anforderungsquelle vorhanden sein, aber die Durchsprach und das Interview bleiben unerlässlich. Hier besteht die Gefahr, dass wenn einer der beiden Stakeholder nicht ausreichend betrachtet wird, das Projekt, trotz guter Umsetzung der Anforderung scheitern kann. Entweder weil der Betriebsrat das Projekt terminiert, weil die Auswertung nicht den Vorgaben dem Schutz der personenbezogenen Daten entspricht, oder weil das Management nicht die gewünschte Transparenz über die Service Abteilungen bekommt. Das sind Anforderungen, die durch die Interaktion durch Interviews oder Fragebögen mit den genannten Abteilungen erhoben werden können.

3. Zusammenfassung und Fazit

In diesem Assignment wurden die wirtschaftliche Notwendigkeit und die theoretischen Grundlagen des Requirement Engineerings vorgestellt. Subkomponente wie Verifikation und Validierung der Anforderung im Zuge des Requirement Engineerings wurden nicht betrachtet. Die beschriebenen Ausführungen wurden mit praktischen Fallbeispielen bei der Firma MECSIN veranschaulicht. Es wurde ersichtlich, dass auch zunächst technisch simple Projekte durch unterschiedliche Stakeholder und deren Erwartungen sehr komplex werden können. Die Identifikation der Anforderung ist elementar für eine erfolgreiche Projektumsetzung. Generell kann aus Sicht des Verfassers festgehalten werden, dass das Requirement Engineering die komplexe Verbindung zwischen Menschen, deren individuellen Zielen und der technischen Umsetzung innerhalb eines Projektes frühzeitig beleuchtet und zu einer höheren Projektgüte zum Abschluss führen.

Herausforderungen bei der Umsetzung des Requirement Engineerings stellen die notwendige Vorbereitungszeit, die Bereitschaft zur Mitwirkung der einzelnen Stakeholder und die intransparente Kosteneinsparung im Vergleich zur Projektumsetzung ohne durchgehendes Requirement Engineering dar. Vielen Managern ist die Notwendigkeit nach wie vor nicht vollumfänglich bewusst, andernfalls wäre die Statistik des Chaosreports zur Umsetzung von Projekten sicherlich positiver ausgefallen. Hier wird versucht an der falschen Stelle Geld zu sparen oder versucht Projekt Milestones frühzeitig zu erreichen. Der Vorsprung ist aber temporär da die übersehen oder missverstandenen Anforderungen den Vorsprung schnell zunichtemachen. Das heißt als schlussendlich, dass es keine realistischen Gründe gibt, warum Requirement Engineering nicht sinnvoll zum frühzeitigen Anforderungsmanagement ist.

Requirement Engineering wird im Zuge des internationalen Wettbewerbs eine tragende Rolle bei der Software Projektvergabe spielen, da die messbare und zufriedenstellende Projektumsetzung von Anfang an stärker fokussiert werden und Lieferanten stärker in Regress genommen werden.

V. Literaturverzeichnis

Feldhusen, J.; Grote, Karl-Heinrich (Hg.) (2013): Pahl/Beitz Konstruktionslehre. Methoden und Anwendung erfolgreicher Produktentwicklung. 8., vollst. überarb. Aufl. 2013. Berlin, Heidelberg: Springer Berlin Heidelberg; Imprint: Springer Vieweg. URL: http://gbv.eblib.com/patron/FullRecord.aspx?p=1538461.

Freeman, R. Edward (2013): Stakeholder theory. The state of the art. 3. print. Cambridge: Cambridge Univ. Press.

Glinz, Martin (2017): A Glossary of Requirements Engineering Terminology. Standard Glossary for the Certified Professional for Requirements Engineering (CPRE) Studies and Exam. URL: https://www.ireb.org/content/downloads/1-cpre-glossary/ireb_cpre_glossary_17.pdf, Stand: 28.01.2021.

Glinz, Martin; Wieringa, Roel J. Wieringa (2007): Stakeholders in Requirements Engineering. URL: https://www.ifi.uzh.ch/dam/jcr:3fd4da15-79bf-4870-90d0-f251a7d1a1a8/GlinzWieringa2007.pdf, Stand: 31.01.2021.

Graf, Nele; Edelkraut, Frank (2017): Mentoring. Das Praxisbuch für Personalverantwortliche und Unternehmer. 2. Aufl. 2017. Wiesbaden: Springer Fachmedien Wiesbaden; Imprint: Springer Gabler.

Grande, Marcus (2014): 100 Minuten für Anforderungsmanagement. Kompaktes Wissen nicht nur für Projektleiter und Entwickler. 2., aktualisierte Aufl. 2014. Wiesbaden: Springer Fachmedien Wiesbaden. URL: http://gbv.eblib.com/patron/FullRecord.aspx?p=1802936.

Hoffmann, Axel (2014): Anforderungsmuster zur Spezifikation soziotechnischer Systeme. Standardisierte Anforderungen der Vertrauenswürdigkeit und Rechtsverträglichkeit. Kassel, Germany: Kassel University Press. URL: http://search.ebscohost.com/login.aspx?direct=true&scope=site&db=nlebk&db=nlabk&AN=881714.

Hull, Elizabeth; Jackson, Ken; Dick, Jeremy (2013): Requirements Engineering (Practitioner Series). London: Springer London.

Johnson, Michael D. (2018): Kundenorientierung und Markthandlung. Reprint 2018 (Internationale Standardlehrbücher der Wirtschafts- und Sozialwissenschaften). Berlin, Boston: De Gruyter.

Krause, Eric (2008): Methode für das Outsourcing in der Informationstechnologie von Retail Banken. Zugl.: St. Gallen, Univ., Diss., 2008. Berlin: Logos-Verl.

Lauenroth, Kim; Schreiber, Fabian; Schreiber, Felix (2016): Requirements Engineering in der Fertigungsindustrie. Kostenreduzierung und Erhöhung der Kundenzufriedenheit durch strukturierte Vorgehensmodelle. 1., Aufl. (Beuth Innovation). Berlin: Beuth. URL: http://gbv.eblib.com/patron/FullRecord.aspx?p=4623146.

Martens-Scholz, Heiko (2008): Smart Success. Mit Hi-Tec-Motivation zu mehr Erfolg und Lebensqualität. Wiesbaden: Gabler. URL: http://gbv.eblib.com/patron/FullRecord.aspx?p=750217.

Marx, Dominic (2014): Das Kano-Modell der Kundenzufriedenheit. Ein Modell zur Analyse von Kundenwünschen in der Praxis. Hamburg: Igel Verlag RWS. URL: http://www.diplomica.de.

Modellbasierte_Anforderungsanalyse. URL: https://www.mid.de/fileadmin/mid/PDF/Solution_Artikel/Modellbasierte_Anforderungsanalyse.pdf, Stand: 14.02.2021.

Müller-Stewens, Günter; Lechner, Christoph (2011): Strategisches Management. Wie strategische Initiativen zum Wandel führen ; der St. Galler General Management Navigator®. 4., überarb. Aufl. Stuttgart: Schäffer-Poeschel Verlag. URL: http://site.ebrary.com/lib/alltitles/docDetail.action?docID=10773132.

O.V. (2015): CHAOS REPORT 2015. Hg. v. The Standish Group International, Inc. URL: https://www.standishgroup.com/sample_research_files/CHAOSReport2015-Final.pdf, Stand: 27.01.2021.

Rupp, Chris (2014): Requirements-Engineering und -Management. Aus der Praxis von klassisch bis agil. Unter Mitarbeit von Chris Rupp. 6., aktualisierte und erw. Aufl. München: Hanser.

Statista (2021): Software - Umsatz Deutschland bis 2020 | Statista. URL: https://de.statista.com/statistik/daten/studie/189894/umfrage/marktvolumen-im-bereich-software-in-deutschland-seit-2007/, Stand: 27.01.2021.

tagesschau (2010): BIP schrumpfte 2009 um fünf Prozent: Deutsche Wirtschaft im Sinkflug. In: tagesschau.de. URL: https://www.tagesschau.de/wirtschaft/bruttoinlandsprodukt108.html, Stand: 27.01.2021.

Tremp, Hansruedi (2017): Lehrbuch Requirements Engineering Teil 1. Agiler und klassischer Werkzeugbaukasten zur Planung, Ermittlung und Dokumentation von Anforderungen (Lehrbuch Requirements Engineering, / Hansruedi Tremp ; Teil 1). Norderstedt: Books on Demand.

Urbach, Nils; Ahlemann, Frederik (2016): IT-Management im Zeitalter der Digitalisierung. Auf dem Weg zur IT-Organisation der Zukunft. Berlin, Heidelberg: Springer Berlin Heidelberg; Imprint: Springer Gabler.

Wirtschaft und Energie, Bundesministerium für (2021): Konjunktur und Wachstum. BMWI. URL: https://www.bmwi.de/Redaktion/DE/Dossier/konjunktur-und-wachstum.html, Stand: 27.01.2021.